AF224412

Oc
1239

GOUVERNEMENT

ESPAGNOL,

AVEC LA THÉORIE DES LOIS QUI EXISTENT

ENTRE

DIEU ET L'HOMME;

PAR

RAMON FERNANDEZ.

> La vertu est son mobile.
> MONTESQUIEU.

BORDEAUX,

CHAUMAS-GAYET, LIBRAIRE,
34, Chapeau Rouge.

PARIS,

SCHWARTZ ET GAGNOT, LIBRAIRES,
9, Quai des Augustins.

Avril 1842.

SOMMAIRE.

LIVRE PREMIER.

Préface. — Démocratie. — Élections. — Chambre constituante. — Chambre conventionnelle. — Chef démocrate.

4 Membres du Consistoire composeront le Directoire :

    1º Représentant du crédit public ;
    2º   *id.*   de la guerre ;
    3º   *id.*   de la marine et d'outre-mers ;
    4º   *id.*   des affaires étrangères.

6 Membres de la Convention composeront la Dictature :

    1º Dictature du peuple ;
    2º   *id.*   de la justice ;
    3º   *id.*   de l'instruction publique ;
    4º   *id.*   de l'armée active ;
    5º   *id.*   des travaux publics ;
    6º   *id.*   du commerce.

Titre de citoyen. — Gardes de l'État.
Établissements publics. — Prière.

LIVRE SECOND.

CHAP. Ier. Système hypothétique du monde.
   »   II. Principe de vie du monde et de l'animal.

1842

GOUVERNEMENT ESPAGNOL,

AVEC LA THÉORIE DES LOIS QUI EXISTENT

ENTRE

DIEU ET L'HOMME.

LIVRE PREMIER.

—

PRÉFACE.

L'union, la légalité, et la stabilité, sont les principes de la véritable source de la civilisation des peuples.

Ces principes ont eu, de tout temps, des partisans qui, justement fiers de leur conviction et noblement ambitieux de signaler les plus hauts faits de l'histoire, ont lutté avec tant de grandeur d'âme et de dignité contre la force colossale des destinées.

Parfois dominés par un zèle trop emporté, ils ont commis des erreurs graves : aussi laissons aujourd'hui de côté toute animosité, et je vais tâcher d'exposer un système raisonné qui, s'il ne mérite approbation, aura du moins droit à l'indulgence de mes lecteurs.

—

DÉMOCRATIE.

Le droit d'un peuple est celui de faire respecter ses institutions, et pour cela, il lui convient d'imposer une assemblée nationale au chef démocrate qui se constitue souverain légitime,

ÉLECTIONS.

La basè fondamentale de l'union consiste à respecter les intérêts particuliers de chacun, d'où résultera qu'une assemblée nationale devra se composer de deux chambres, l'une constituante et l'autre conventionnelle : division à laquelle est forcément réduite toute législature, attendu que dans la société il existera toujours deux classes, les riches et le peuple, qu'il faudra également respecter, mais dont les droits ne peuvent être les mêmes.

Aussi la légalité exigera-t-elle que les membres du Consistoire soient élus par les propriétaires qui constituent l'État, et ceux de la Convention par le peuple dont ils soulageront les besoins.

Enfin, la stabilité de cette assemblée veut qu'on considère en elle un caractère sacré qui l'empêchera d'être assujettie à des réélections; toutefois il n'en sera pas de même de chacun de ses membres, qui ne conservent un pouvoir légal qu'autant que leurs électeurs sont dans le droit de les remplacer dès qu'ils le jugent convenable.

CHEF-DÉMOCRATE.

La légitimité d'un souverain est une question de faits et de circonstances, qui en général dépend du jeu des passions et de l'intérêt personnel dont le peuple sera toujours victime, sans pouvoir jamais y remédier : car c'est sa destinée. Or, quel que soit le souverain légitime, sa dignité consistera à être le dépositaire de tous les biens de la nation, et à déléguer les fonctions de Commissaires qui seront par eux-mêmes juges et dépositaires de tous les actes authentiques, afin d'effacer toute cette complication scandaleuse que présente le tribunal de nos jours.

Maintenant, ce souverain, en sa qualité de chef-démocrate, sera également le dépositaire de tous les fonds de l'État, étant de plus appelé à la présidence de deux corps d'agents qu'il faudra

établir comme conséquence nécessaire de la formation respective
du Consistoire et de la Convention, et dont l'un sera un Directoire qui remettra au président le résultat des opérations que
chaque membre aura obtenu, et l'autre une Dictature qui agira
avec l'aide des moyens que ce même président lui transmettra,
le tout se faisant publiquement.

—

DIRECTOIRE.

1° Afin que chaque contribuable paye suivant ses moyens, le
représentant du crédit public devra partager les impôts en raison
du produit des administrations, du patent des négociants, du
coût du papier timbré, et de la prime des assurances générales.

2° Le représentant de la guerre aura à sa charge de prélever
les impôts territorials, et la direction des gardes de l'État.

3° Le représentant de la marine étant celui qui aura le plus
de connaissances sur l'état des colonies, il lui correspondra de
nommer leur gouverneur, qui sera aussi le président d'une
Dictature composée d'agents de leur Convention.

4° Le représentant des affaires étrangères aura pour emblème
de tout sacrifier à l'honneur et à la vérité.

—

DICTATURE.

1° DICTATURE DU PEUPLE. — Avant tout, il faut de l'huma-
nité, et cette branche sera celle des Docteurs, qui auront chacun
un pharmacien et un chirurgien à leur ordre.

2° DICTATURE DE LA JUSTICE. — En même temps qu'on châtie
le crime, il importe de récompenser la vertu, et pour cela il
faudra, dans la société, des Prêtres à qui l'on puisse faire entendre ses plaintes, et qui du haut de leur chaire enseignent et
fassent respecter la bonne morale.

3° DICTATURE DE L'INSTRUCTION PUBLIQUE. — L'instruction
est le premier besoin de l'homme : aussi est il de la plus grande

nécessité d'établir des écoles qui permettent qu'à neuf ans tout le monde sache lire, écrire, et calculer.

ÉDUCATION DES COUVENTS.

De 9 à 12 ans, Études de langues modernes ;
De 12 à 15 ans, *id.*   de géographie et d'histoire ;
De 15 à 18 ans, *id.*   d'art et d'agréments.

ÉDUCATION DES COLLÉGES.

De 9 à 12 ans, Études de langues modernes ;
De 12 à 15 ans, *id.*   de langues anciennes ;
De 15 à 18 ans, *id.*   de lettres et de sciences.

La majorité de l'homme et de la femme doit être à dix-huit ans.

4º DICTATURE DE L'ARMÉE ACTIVE.—L'ordre social étant sous la protection de cette dictature, elle doit effacer toute trace de police secrète et publique.

5º DICTATURE DES TRAVAUX PUBLICS. — Se composera des différents corps d'ingénieurs.

6º DICTATURE DE COMMERCE. — Aura à sa charge les affaires de bourse, de banque, et d'entrepôt. Quant aux droits d'octroi, il convient de les supprimer, parce qu'ils contribuent à appauvrir le pauvre, chose trop immorale.

—

TITRE DE CITOYEN.

Sans ce titre on ne peut se marier ni jouir d'aucune considération publique. Il s'acquiert en servant son pays de dix-huit à vingt-cinq ans, soit :

1º Dans la garde d'honneur : ce corps est nécessaire pour captiver l'élan de certaines personnes qui, ayant de la fortune et confiantes dans la protection que le sort semble leur avoir donnée, sont capables de tout entreprendre, tout en étant toujours sensibles aux sentiments d'honneur ;

2º Dans les écoles navale et militaire ;

3º Dans les écoles de sciences ;

4° Dans les écoles de lettres ;

5° Dans les écoles d'art ;

6° Comme simple soldat.

GARDES DE L'ÉTAT.

Le soldat qui à vingt-cinq ans ne voudrait pas retourner dans ses foyers entrera dans l'armée du train et fera le service de l'artillerie jusqu'à trente-cinq ans, des places fortes jusqu'à quarante-cinq, et de vétérans jusqu'à cinquante-cinq ans.

En temps de guerre, les citoyens de vingt-cinq à trente-cinq ans composeront l'armée mobile, et ceux de trente-cinq à quarante-cinq l'armée de réserve.

ÉTABLISSEMENTS PUBLICS.

Les maisons publiques doivent être de grands établissements d'où nulle femme ne puisse sortir, mais où on permette au moins à ces malheureuses de respirer un air sain.

Les maisons secrètes seront celles qui, tout en voilant la conduite de certaines femmes, les contraignent à nourrir leurs enfants.

Les enfants qui à neuf ans ne pourront prouver de position sociale seront embarqués.

Les monastères seront des établissements pour recevoir les personnes qui voudront se dévouer aux besoins de la société.

Hôpital des Invalides. — Hôpital des Vieillards.

PRIÈRE.

Tout-puissant Dieu! heureux l'homme qui sait te rendre hommage à la simple vue des bienfaits dont tu nous a comblés! car sa vertu sera récompensée, notre jugement le dit, et c'est là, ô sublime Être, le divin langage de tes lois suprêmes auxquelles tout l'univers est soumis.

LIVRE SECOND.

CHAP. Iᵉʳ. Système hypothétique du monde.

Dans les sciences on démontre la vérité d'un fait en faisant connaître ses rapports avec d'autres faits certains connus d'avance, à moins que ce ne soit un axiome qui, pour lors, a la solution en lui-même : or, tout en considérant la matière infinie, il conviendra donc de ne nous occuper que de cet espace limité, servant de borne à notre raison, que l'on appelle *monde*, et dont le soleil est le centre.

CHAP. II. Principe de vie du monde et de l'animal.

En examinant de quelle manière les corps agissent entr'eux, on les voit engendrer un équilibre soumis à des lois immuables; et en portant cet examen à la considération des plantes, l'on arrive au point où, sous l'agent de la force moteur qu'acquièrent ces corps à leur approche du soleil, ils produisent un second équilibre de la matière.

Ces deux modes d'équilibre qui constituent la nature se trouvent réunis à la fois chez l'animal, l'équilibre premier étant celui de mouvement, et le second, lorsqu'endormi, l'âme transmet au fluide éther qui l'environne, une force qui est nécessairement la même que celle qui, émanée du soleil, exécute le travail dans la plante : car, par âme, j'entends cette substance, source de notre vie, que je dis être semblable à celle du soleil, parce qu'elle se trouve renfermée dans les liens qui lui sont soumis, et que de même que lui, la force qu'elle communique au fluide éther qui l'environne est aussi très-grande, à en juge par les parties très-délicates qu'elle maintient dans leur sphère d'activité, et de plus elle se manifeste sous la forme d'une chaleur qui est constante, à en juger, non par celle émise, puisqu'elle dépend des liens dans lesquels elle est renfermée, qui s'usent par le temps et s'altèrent par les maladies, mais à en juger par la proportionnalité de la respiration aux battements produits par le contact du sang avec son enveloppe.

CHAP. III. THÉORIE DE LA PENSÉE.

Nous prendrons l'animal arrivé à son plus grand état de développement, sans avoir égard aux opérations plus ou moins difficiles par lesquelles il est passé pour y parvenir.

Pour ne nous occuper d'abord que de l'équilibre premier, faisons sortir l'âme de l'état dans lequel elle se trouve plongée lorsque l'animal dort; ce réveil occasioné de ce qu'il n'a pas, comme la plante, de quoi alimenter son travail, il y aura chez lui un surplus de chaleur qui, devenant libre, se porterait en plus grande quantité sur les nerfs, et, en les faisant contracter, occasionerait la dilatation du cerveau qui deviendrait la base de la pensée; pouvant le considérer comme une membrane tendue, susceptible de certains modes de division, suivant les vibrations que lui communiqueraient les corps extérieurs à l'aide d'actions moléculaires dépendant de certains moteurs, tels que la lumière ou autres propriétés de la matière.

Mais, dira-t-on, d'où viennent ces qualités de la pensée, et comment se fait-il qu'on se souvienne si bien des choses passées, la pensée étant une propriété de la matière?

Pour s'expliquer ceci, on n'a qu'à prendre une plaque, et suivant sa forme on sait qu'on la fera produire des modes de division connus, d'où je conclus que, suivant les bosses de la tête, il peut bien en être de même des qualités de la pensée. Ensuite, une plaque dans laquelle on est parvenu à faire sortir un mode de division tendant toujours à reproduire le même, il pourra bien en résulter le même effet à l'égard des idées que l'on imprime au cerveau, et qui auront parfois des points de contact tels, que souvent on croira voir ce qu'on ne voit pas, entendre ce qu'on n'entend pas et sentir ce que réellement on ne sent pas.

Toutefois, il existe entre les différents effets que tend à produire le cerveau une liaison directe, et c'est ce qui constitue la pensée ; car, bien que la pensée soit sous la dépendance de la volonté, ce n'est pas la volonté qui fait la pensée, bien que les deux émanent à-la-fois de l'âme : la volonté comme cause et la pensée dans l'effet produit.

Voyons donc en quoi consiste la pensée, et nous examinerons ensuite ses rapports avec la volonté.

1º *Définition des sens.* — Ainsi le cerveau, suivant la manière dont il est mis en rapport avec les choses environnantes, agira sous l'influence de celle qui se manifestera à lui le plus directement, ce qui dépendra non-seulement de l'intensité des vibrations ou de la force quelle qu'elle soit que les corps transmettront au fluide environnant, mais encore du rapport de ces forces avec les nerfs, qui sont tous très-bons conducteurs de ce fluide, mais qui pourront l'être plus ou moins suivant leur forme et suivant la disposition du cerveau au moment que ces effets seront produits : de sorte que nos sens consisteront dans l'action produite sur le cerveau par chacun de ces effets en particulier.

2º *Définition de la réflexion.* — De même qu'il y a deux modes de division dans les plaques, j'en considèrerai aussi deux dans le cerveau : un mode primitif constituant les sens, et un mode secondaire constituant la réflexion ; et, d'après l'identité que j'établis entre les effets produits par le cerveau et ceux d'une plaque mise en vibration, j'admettrai également deux modes de division secondaires dans le cerveau : un mode secondaire simple servant à nous imprimer l'idée des choses, le seul qui se manifesterait chez l'animal, et un mode secondaire composé servant à donner une idée encore plus précise, et qui se produirait seul chez l'homme à cause de la nature plus sensible de son cerveau.

3º *Liaison des sens et de la réflexion.* — Venant maintenant à considérer le cerveau comme une balance, l'ensemble des modes secondaires produits par l'intermédiaire des modes primitifs nous fera connaître le poids mathématique de chacun des effets qui serviront à les faire agir.

CHAP. IV. ACTION DE LA VOLONTÉ SUR LA PENSÉE.

La volonté n'étant autre chose que cette cause première qui émane de l'âme sous forme de chaleur, et la pensée les effets produits par les vibrations du cerveau, il en résultera que cette chaleur venant à se propager par les nœuds et ventre de vibrations acquiérait des propriétés électriques dont l'âme serait le moteur, et dont les courants du mode secondaire étant d'une dimension moindre jouiraient de propriétés magnétiques, si l'action des uns sur les autres est d'établir un équilibre entr'eux. Quoi qu'il en soit, j'appellerai les uns courants primitifs et les autres courants secondaires; et si, par un moyen quelconque on vient à influencer sur cette propagation de l'âme, ces effets vont à leur tour pouvoir se transmettre à elle, et elle sera le centre des sensations si leurs actions réciproques se correspondent, ce que je vais examiner.

1° *Effets produits par les sens.* — Bien que l'effet des sens se produise avec l'instantanéité de la foudre, étant conséquence d'actions produites par le même fluide, ils n'en doivent pas moins être soumis à des lois physiques qui feront que l'électricité produite par les courants primitifs venant à se communiquer dans les muscles, elle leur imprimera un mouvement de transport capable de les faire agir, et dont l'ensemble des parties constituant l'animal, tendant toujours à se contre-balancer, pourront servir d'elles-mêmes à maintenir cette action. Mais par la diposition de ces courants, il pourra aussi se faire que les deux fluides auxquels donne naissance tout dégagement d'électricité, ne se trouvant pas dans les rapports voulus pour constituer l'harmonie de l'équilibre du corps, la tranche la plus approximative de celui qui manque va se trouver absorbée, et ainsi de suite il se manifesterait un mouvement rétrograde qui se communiquera à l'âme, et qui, quand l'animal est très-souffrant, par l'action très-suivie de ses effets contribuerait à absorber ses pensées.

Quelquefois le fluide positif, que je suppose être celui qui circule dans le cerveau, venant à charger le pelux solaire, de son intensité dépendra l'émotion qu'éprouve l'âme , par son action plus ou moins ménagée sur le fluide négatif; tandis qu'au contraire une impression forte et subite, qui donnerait une issue immédiate à ce fluide, laissant le corps chargé d'électricité négative déterminera cette surprise que l'on éprouve quelquefois au point de ne pouvoir faire aucun mouvement.

Il pourra également arriver, par la succession très-suivie des effets qui feront agir ces courants, qu'une certaine quantité d'électricité devenant libre dès sa sortie du cerveau , et se combinant aussitôt avec le fluide négatif, soit la cause de ces impressions que manifestent quelquefois la figure et qui la rendent parfois si animée.

2° *Effets produits par la réflexion.* — L'idée que les sens imprimeront au cerveau consistant dans l'ensemble des courants secondaires servant à les représenter, et le cerveau n'admettant, lui, la simultanéité de plusieurs idées qu'autant que les bosses de la tête s'y prêteront, chargés d'électricité il s'établira entre ces courants un équilibre momentané dont la vue d'un paysage en offrira un tableau ; mais lorsque cet équilibre ne pourra plus exister, alors, par l'action très-suivie de ces effets, il donnera lieu à des points de contact servant de base à la mémoire, et dont l'intensité, sans y penser, me fera rendre une même idée de différentes manières, suivant que je vais me trouver parler en espagnol, en français ou en anglais, tandis que lorsque je veux le faire de suite, il m'en coûte ne pouvant le faire que par routine, c'est-à-dire, machinalement. Or, ces nœuds de vibration produits par l'action très-suivie des idées n'apportera pas non plus de changement dans les courants secondaires composés, d'où ils serviront aussi à établir une liaison entre les courants secondaires simples et les courants secondaires composés, dont les différentes branches feront connaître à l'homme la liaison qui existe entre ces différents effets.

3° *Action des sens et de la réflexion entr'eux.* — Le cerveau, que j'ai dit pouvoir considérer comme une balance, va maintenant être susceptible de trois modes d'équilibre : à l'état folle, lorsque la liaison qui existe entre les courants primitifs et les courants secondaires sera une pure affaire d'habitude, telle qu'elle existe dans un enfant, tout se faisant machinalement dans la manière de lui apprendre les choses ; à l'état d'équilibre instable, lorsque le travail auquel on soumettra les idées donnera de l'essort aux passions, et à l'état d'équilibre estable, lorsque l'enchaînement de ces idées agiront sous l'influence de la raison.

CHAP. V. De l'instinct et du jugement.

Le travail auquel on soumettra les idées, ainsi que nous l'avons observé, sera facilité par les bosses de la tête ; mais, indépendamment de ces lois particulières, les idées se trouvent aussi soumises à des lois générales qui constituent l'instinct.

Quant aux passions, elles dépendent de la faculté que les bosses transmettent à certaines idées de prédominer, et produiront pour cela des effets si agréables à l'âme, en la laissant agir sous l'influence de celles de l'amour-propre et de l'orgueil qui, tant par leur dimension naturelle comme par expérience, paraissent être les plus immédiates à l'ignorance ; tandis qu'elle se trouve contrariée dans un travail sérieux, les bosses ne venant que très-peu à son aide ; et c'est aussi ce qui rend l'attente et l'incertitude si cruelles, servant en même-temps à expliquer comment la joie et le chagrin produisent en lui un même effet ou des effets contraires, suivant qu'ils sont le résultat immédiat des sens ou de la réflexion.

L'enchaînement que j'ai dit pouvoir exister entre les courants secondaires composés va maintenant servir à nous rendre raison de l'action des courants secondaires simples ; et la preuve que le jugement est un équilibre stable qui doit exister entre ces courants secondaires composés, c'est qu'en lisant quelque chose, le jugement dit que ce n'est plus juste en rappelant toujours des faits postérieurs.

Le jugement, d'après cela, consistant dans un équilibre entre les courants secondaires composés ; il sera d'autant plus juste que la substance du cerveau sera plus compacte ou homogène, fait d'ailleurs remarqué par les personnes qui s'occupent d'histoire naturelle ; et pour que l'homme puisse donner suite à ses idées, il faudra laisser le cerveau agir sous l'influence de ces courants secondaires composés.

L'homme ne s'assurant bien des faits passés que par la liaison des uns avec les autres, le jugement les fera connaître en ce sens, qu'étant des propriétés de la matière, ce seront des sentiers qui, tracés pour la première fois, on n'aura qu'à les entretenir pour le fluide magnétique, puis y circuler ; car les lois de ces effets étant semblables à celles d'acoustique et d'électricité, une fois qu'ils viendront à cesser tout rentrera aussitôt à l'état normal.

CHAP. VI. De l'animal.

L'équilibre que constitue l'harmonie du corps venant à être rompu, nous avons vu comment il allait pouvoir influencer sur le cerveau ; or, la substance chimique de celui-ci va aussi pouvoir influencer sur ses propriétés, et je prendrai pour exemple, la folie, qui, quand cette maladie est héréditaire, paraît provenir d'un manque d'azote, et consister alors en manie : tandis que d'autres fois, au contraire, étant en trop grande quantité, ce gaz donnerait de la subtilité au cerveau, et en le laissant agir sous l'influence de la première chose venue, ferait que cette folie qui est celle des personnes timbrées serait bien plus dangereuse, en ce qu'elle peut nous conduire à la rage, par l'action trop exercée des sens sur les nerfs.

Ce second équilibre de l'animal, lorsque la chaleur émanée de l'âme est employée, comme dans la plante, à alimenter son travail, va pouvoir se diviser en deux ; le travail digestif qui se faisant sous l'action exercée par les nerfs, ne pourra s'exécuter aussi facilement lorsque le fluide qui les fait jouer sera occupé en même-temps à autre chose, privant parfois ce travail d'une certaine quantité de fluide qu'il pourrait nécessiter, et le travail nutritif qui, pour faire la liaison de la substance digérée avec le sang ou pour y rétablir l'équilibre, demandant la plus grande quantité de chaleur possible, ou en privant les nerfs, produirait le sommeil.

1° *De l'animal à l'état de veille.* — Le travail digestif, en transmettant au cerveau ses besoins, va absorber ses pensées, et si on ne donne par un jeu libre aux effets qu'ils tiendront à produire, il en résultera une irritation qui pourra influencer sur la santé, aussi est-il à remarquer que ces cas se présentent bien plus dans les animaux domestiques et surtout chez l'homme, la température y contribuant aussi beaucoup.

2° *De l'animal à l'état de sommeil.* — Le travail nutritif constituant l'état de sommeil servira à faire des opérations chimiques, plus ou moins difficiles à concevoir.

3° *De l'ivresse et des rêves.* — On sait que la boisson en excès, faisant éprouver une altération très-grande dans l'économie animale, va nécessairement absorber ses pensées, mais ce ne sera pas du tout un sommeil ordinaire, bien que plus tard on y sera entraîné; et les rêves, au contraire, seront l'effet produit par le cerveau lorsque l'animal endormi laissera échapper une quantité de chaleur capable de donner de l'action à la pensée : ce qui sera aussi occasioné par une vie déréglée ou par cause de quelque maladie.

CHAP. VII. Des phénomènes d'électricité ou magnétisme animal.

J'ai eu occasion de remarquer que quelquefois le fluide positif des courants primitifs allait trouver une issue immédiate lorsque l'homme allait se trouver sous l'influence d'une impression forte et subite; or, lorsqu'il a une volonté ferme ou un désir ardent, l'expérience sert à nous faire voir qu'il est alors capable de produire ces effets de lui-même : car, s'il se trouve en présence d'une autre personne, ce fluide va pouvoir agir sur elle, ainsi qu'il arrive dans les phénomènes connus sous le nom d'électricité ou magnétisme animal, et dont l'état de somnambulisme ne serait qu'un état très-grand de sensibilité qu'acquiérait le cerveau par l'augmentation de l'intensité que l'on communiquerait aux courants, et d'où résulteraient les conséquences qui se trouvent expliquées dans les livres de magnétisme animal.

Quand on aura donné aux courants leur plus grande étendue de sensibilité, l'on aura établi un équilibre parfait entre le magnétisé et la nature, mais, venant à être rompu, il ne pourra plus se rétablir de lui-même.

CHAP. VIII. Conclusion.

Il résulte de tout ceci que l'homme tendra toujours à agir suivant les principes qu'il aura reçus, ce qui différera chez presque tous les êtres ; et pour faire régner un accord entr'eux, il ne suffira pas toujours du simple exposé des choses, il faudra de plus savoir instruire, plaire, et toucher, ce qui constitue l'art de persuader, d'où prennent naissance trois branches principales : 1º les sciences servant à lier des faits entr'eux ; 2º la rhétorique qui apprend à déjouer les passions ; 3º la philosophie qui apprend à assujettir nos sens aux lois servant de base à la société.

A BORDEAUX,

DE L'IMPRIMERIE DE A. CASTILLON, RUE DU PETIT-CANCERA, 15.

www.ingramcontent.com/pod-product-compliance
Lightning Source LLC
Chambersburg PA
CBHW061614050726
47595CB00007B/2950